Salimata Traore Rawlings

Mur de Berlin

Salimata Traore Rawlings

Mur de Berlin

Éditions Muse

Imprint
Any brand names and product names mentioned in this book are subject to trademark, brand or patent protection and are trademarks or registered trademarks of their respective holders. The use of brand names, product names, common names, trade names, product descriptions etc. even without a particular marking in this work is in no way to be construed to mean that such names may be regarded as unrestricted in respect of trademark and brand protection legislation and could thus be used by anyone.

Cover image: www.ingimage.com

Publisher:
Éditions Muse
is a trademark of
Dodo Books Indian Ocean Ltd., member of the OmniScriptum S.R.L Publishing group
str. A.Russo 15, of. 61, Chisinau-2068, Republic of Moldova Europe
Printed at: see last page
ISBN: 978-620-3-86457-1

Table des matières

I. Mur de Berlin

Le mur de Berlin s'éleva comme un cauchemar

Divisa la ville et se fit meurtrière dans la mare

De sang qui faisait flaque entre les deux parties

D'une ville qui s'étripait par la politique et le Parti

Cinquante mille soldats pour empêcher l'Est de partir

Vers l'Ouest où le filet social était libre et à vernir

Insolite, cette division qui l'eut crue, de compères ?

Mais tomba quand même l'implacable rideau de fer

Avec un danger bien réel pour la fragile paix ; sa réviviscence

'Ich bin ein Berliner' cria Kennedy, de cœur avec la renaissance

La paix s'embourbe dès 1948 pour les alliés avec le blocus de Berlin

Leur hégémonie crainte invite au pont aérien, pressé au plus malin

Qui fait échouer le plan adverse rouge est omniprésente l'angoisse

D'une Allemagne pugnace, probable trop forte unie, amener poisse

Alors voilà que dans la nuit du 12 au 13 août le mur de Berlin s'élève

La frayeur au fond est délétère pour tous ; une mauvaise élève

Un mur emblématique des peurs verte et rouge

Après une seconde guerre mondiale à infrarouge

De panzers meurtriers de l'opération Barbarossa

Les tankers enlisés en détresse au siège d'Odessa

Trop de trous de conjugaison, trop de division et de misère

L'écroulement de la morale, désolation ; la souffrance qui ère

Le champ de destructivité s'étendant avec la pulsion de mort

En trop de camps et de cruauté, les cars et trains scellant le sort

D'une pléthore d'innocents charriés par la haine viscérale

D'un danger hystérique qu'ils seraient et solution vespérale

Après la débâcle des puissances de l'axe, l'espoir en vrai

La totalité du psychisme tendait désespérément vers la paix

Définition spéculative, l'édification d'un mur est expression

Fausse représentant 'un plus jamais ça' de désintégration

Comment être esclave d'un mur pour être libre ?

Le béton peut-il vaincre l'amour pour un peuple libre ?

4

Paradoxe ou fausseté comme vérité alternative

L'heuristique de la peur a abîmé la paix rétive

Certains voyaient même le mur comme symbole de vie

D'autres l'avaient en aversion car par lui le mal revit

Son rôle de protecteur était factice, celui de division idéel

La satisfaction était hallucinatoire, le traumatisme réel

Le mur de la honte et de l'imaginaire de hantise

Assoit entre deux villages la mort et pactise

Avec le diable pour détruire la confraternité

Les maçons croyaient ainsi préserver liberté

En surveillant la belligérance, eux perchés sur le mirador

Alors que la paix c'est un commerce, un négoce autant d'or

Que de conciliabule au lieu d'un mur de béton

Narguant la foi en l'homme et au bienfait du pont

Mur de Berlin, immense langue de vipère

Divisant par le symbole, la balle ; sans père

Des enfants vagabonds de la liberté Ouest

Meurtris par un mur qui fixe limite avec l'Est

A l'incommensurable élan d'amour, de solidarité de tous

Il fut brisé, morcelé le 09 Novembre 1989 pour le bien de tous

La partie Ouest du mur avec ses œuvres d'art et graffitis

Fit le bonheur de collectionneurs en icônes ; repartis

Chacun fonctionne en harmonie avec tous pour une vie décente

Usant l'espace et le temps pour une décontraction bienfaisante

Pour une vie taillée à l'aune de ses propres desideratas

La liberté est le vrai lieu propice à une vie pleine en tas

Les enchères du morceau du mur monteront toujours

Pour nous prouver que l'humanisme est l'ultime recours

Symbole de la concorde retrouvée, chaque fragment est fétiche

Pour célébrer la sacrée dynamique pacifique dont on s'entiche

1.1. Chute du mur de Berlin

Le 09 Novembre 1989 tombait le mur de la honte

L'isthme du gosier de l'intolérance a subi la fonte

Un mur construit dès Août 1961 comme taie, affront

Au visage de l'Europe, une affreuse mémoire du front

Du jamais-vu en cruauté, en semis de haine enfouie

Ou sa réincarnation après une ère de cruauté inouïe

Des épisodes de four où il restait tout sauf l'humanisme

Tous nourrissaient l'ambition de contrer ce vil nazisme

Alors que l'Est nommait le mur serpent fatidique anti fasciste

L'Ouest n'y voyait qu'un mur mortifère ; celle de la honte schiste

Lorsque l'on contraint et contrit un peuple déjà meurtri

En le confinant dans des limites barbelées, il flétrit

Alors le combat fut acharné contre ce mur de l'intolérance

Par l'assaut de plume, de la rage ; des morts de l'innocence

Face à l'assaut des passionnés de la liberté du monde entier

Isoler deux frères n'est pas humanisme en coulant le mortier

L'Est communiste voulait l'autarcie ; sans partage, dans une crainte

Une psychose d'union forte d'un pays belliqueux portant empreinte

D'une campagne de Russie et de ses charniers géants

N'eut été l'hiver ralentissant les troupes et des ordres béants

D'un dictateur hystérique voulant dans ses lubies supplanter

Des généraux désabusés mais en marche vers malheur à planter

On absolvait l'idéologie et le diable pour un grand emprisonnement

Des hommes et des institutions derrière un mur de cantonnement

D'instigateur d'un conflit mondial qui a mobilisé et tué des millions

Avec Auschwitz de la déchéance où mouraient les âmes de Sion

Une diaspora centre du labeur, innocente, touchée par l'absurde

Une haine sans fonds, longue et large ; à toute explication sourde

Dans un sombre combat né avec 'Mein Kampf' idéologie mortifère

Dont l'assise est haine mettant en apothéose Satan comme leader

Qui l'aurait cru, dans des têtes bien faites et pleines de bon sens

Dans un discours du 'Loup et de l'Agneau' tout dépouillé de sens

Banalise la vie perdant sa sacralité dans des fours crématoires

Semée par la tyrannie, la mort étoilée pour la psychose exutoire

Le salut mué en interjection abrutissante portant nom du monarque

On avait un meilleur discernement depuis le temps de Plutarque

Le savant lavage de cerveau a annihilé des siècles de tolérance

Six ans de glaive, d'épée, de bombe teintant tout en garance

La technologie perfectionnant l'arsenal militaire a décuplé la mort

Exponentielle, la tuerie a atteint tous les continents et serti le sort

De milliers d'innocents 'morts pour la Patrie' en héros

Le monde vivant l'apocalypse, l'enfer multipliant les zéros

Sur les listes civils et militaires pour l'abysse, tous en détention

Par des mesures iniques au lieu de préserver diversité et cohésion

Quand les procès et Yalta ont apporté un peu de baume au cœur

Le mur de Berlin planta son pieu au milieu de l'œil de l'âme sœur

D'une Europe qui a payé un lourd tribut aux hordes nazies

Abattre le mur fut combat acharné contre les nouvelles furies

Afin que d'autres types d'intolérance ne prennent pied

Et apportent encore la bonne nouvelle à l'homme sur pied

La chute du mur est une promesse authentique de concorde

Pour les peuples la balkanisation est processus de discorde

1.2. Né en 1945

(Désirait aller de l'Allemagne vers l'Allemagne)

Né en 1945, la tête perdue dans un songe en pont

Désirait aller de l'Allemagne vers l'Allemagne sans front

Fils de la fin de la guerre et épris de paix

Il voulait la liberté mais pas de mur, un faix

Soldat inconnu d'une guerre sans fond ni forme

Tombé dans l'ornière d'une idée tordue et informe

Une obsession de sécurité muée en un vrai mur

Séparant l'Est de l'Ouest à l'intérieur pour être sûr

De ne pas refaire les fautes, Sudètes et l'anchluss

Débouter toute idéologie mortifère où que ce fusse

Né en 1945 pour battre en brèche le 'sans conscience'

Où l'hégémonie engloutit l'humanisme et la confiance

L'homme loup pour l'homme de Hobbes, une absurdité

Mais soi-disant après-guerre, rétablir la paix en primauté

Etoile née comme pour signifier la fin de la mort

Il est pourtant mort tué par l'absurde sans tort

Que celui de convoiter la liberté et que la guerre dorme

Pour toujours dans les bras de la paix ; nouvelle norme

Son épitaphe se veut une taie sur la conscience des êtres

Qui ont poursuivis l'innocence pour la tuer sous les hêtres

Né en 1945 et désirait aller de l'Allemagne vers l'Allemagne

Il est né pour vivre, allait vers la liberté à l'Ouest sans hargne

La haine l'attendait pour l'occire, pied de nez à celui né en1945

Année voulant enrayer les relents du nazisme qui pointait dès 1935

1945 sonnait comme la fin de l'apocalypse, la fin de la guerre

Quel regret éprouvera le tueur, en le voyant étalé comme fleur

Si plein de vie et soudain raide et roide

Froidement abattu par la guerre froide

Pourtant à balle chaude réelle ; sans fronde

Dans un malfaisant tour, pendant une ronde

Y'a-t-il eu injonction de s'arrêter, une sommation ?

C'est juste le désir d'occire la liberté, une répression

Bien plus que cela un meurtre contre le libre air nation

Par ceux qui envisagent la vie en monochrome

Et qui ont laissé un infect souvenir du vélodrome

Cette mort du mur est une mort de trop

Une escapade pour chez soi, mort au trot

Mort absurde, assassiné froidement pour son désir de liberté

Dans une forêt de feuilles noires, non loin des portes de la fierté

Mort dont la douleur tenaille même aujourd'hui

A l'appel de la liberté, il a ignoré la mort et dit oui

Dans un pays qu'il croyait bien sien

Mais meurtri par la guerre sans bien

Dans une ville qu'il croyait sienne, libre

Alors que de part et d'autre la balle vibre

Il voulait seulement aller de Berlin à Berlin

De l'Allemagne vers l'Allemagne à l'amour enclin

Mais une balle d'intolérance n'a pourtant pas flanché

Il a tenté l'impossible, grain de folie a liberté fauché

Dans une RDA embrigadée sous 'Big Brother'

Avec une RFA où tout le monde se veut brother

Kennedy l'affirma en clamant haut, 'I'm a berliner'

Tous patrouillant contre la guerre écoutant Wagner

Il est né en 1945 avec l'espoir d'une paix durable

Les peuples se sont battus contre l'intolérable

L'atroce nazisme, l'antisémitisme et tout '-isme-'

Délétère qui reconstruit Berlin avec un isthme

Un mur serpentant s'étalant sur la face du monde

Matérialisant la vague de suspicion vile, immonde

Entre deux armées se regardant en chien de faïence

Tous désirant ardemment la paix mais mues par défiance

Misère d'une guerre dont les stigmates sont là pour énerver

Avec deux façons distinctes de la chercher, de la préserver

L'une promouvant la liberté, l'autre croyant en une autarcie

Tous en quête de pistes ; le paradoxe, se murer plein de vie

Pour des îles de paix alors que surréaliste, on n'enferme pas liberté

Elle se meut avec l'air, les échanges, s'infiltre en cœur sans gravité

Des miradors hauts dans le ciel ne parlant point d'âge d'or

Mais d'espionnage à outrance sur des murs d'os jamais d'or

Des édifices où la liberté rencontrait plutôt la fureur

Et les civils faisant les lapins et canards du tireur

Embusqués à la recherche d'un ennemi qui n'en était pas

L'adversaire était plutôt la misère de l'âme et le trépas

Guettant la liberté à chaque pan de mur

Divisant les gens, urbi et orbi ; élevant le mur

En plein vingtième siècle soi-disant pour maintenir une paix

Construite sur une guerre froide et de suspicion avec frais

Que paye durement une jeunesse qui rêve et croit au bonheur

Il est mort avec son espoir de s'envoler avec l'air sans clameur

Pour des espaces d'indépendance et d'opportunité

Afin de dompter la vie et semer partout la liberté

La violence s'accroche à l'être et produit haine singulièrement

Posant les jalons d'une vengeance renouvelée malheureusement

Mon amertume me rappelle Jean-Jacques Goldman étrangement

La douleur est mémoire vive comme Leidenstadt évidemment

On déplore, on ne juge point ; le mur était juste inhumain

Posons les jalons pour plus d'humanisme un meilleur demain

Mais qui a vécu une guerre si meurtrière en ressort autre

Le trauma impose recours aux solutions jugées de pleutre

Semer la concorde et l'harmonie sont le meilleur paravent

Aux velléités de guerre toujours plus nombreuses qu'avant

La civilisation doit être continuellement réinventée

Sinon qui l'aurait cru au vingtième siècle galvaudée

Se trouva la morale, enchaînée la liberté fut

Et le mur stoppa la fraternité où tout refus

D'obtempérer au halte-là ; franchir la barricade

Etait appréhendé comme crime pas une toquade

Et donc sanctionné par de la balle à la fesse

Pire, on y perdait bien la vie sans confesse

II. Sublime passion

Quand la vie est amour passion

S'aimer à la folie, avec forte émotion

Tendres câlins et mots doux enjolivent la vie

Avec le noble objectif de libérer libido à l'envi

Le charme de l'un si fort veut que l'on vampirise

L'autre par tendresse extrême, on le cannibalise

Le phagocytant dans nos projets et on veille

Où toujours l'amour sévit ou vit et sommeille

Ouvrant toujours un œil goguenard

La modestie s'envole et laisse l'art

De nourrir ses fantômes fous et ses fantasmes

Pour des envolées de tendresse sans miasmes

On dit la passion prison pour l'âme et le cœur

Alors que c'est la vie effervescente sans peur

Qu'elle agite à l'aide de la magie de l'ardeur

Qui se fout du burlesque et avance sans torpeur

Où le béguin devient ouragan à bourrasques

Qui dévaste les sentiments et inonde de frasques

Sans peur du ridicule, une gourmandise du cœur

Qui transporte dans des élans fous avec ferveur

Quand la vie est sublime liberté

Elle harnache la passion à volonté

Elle ratisse large pour un air de perpétuelle fête

Qui détend les nerfs pour un bonheur tout bête

Avec l'être aimé, c'est le lien fusionnel de gaieté

Qui ne nie rien, on s'élance haut avec tant de fierté

C'est la lune de miel, le perpétuel printemps

La joie de vivre s'invite et reste tout le temps

Dans la baraque écarlate de passion où tout baigne

On ne peut rien contrôler, même pas l'envie de beigne

La grande question c'est la petite culotte

Qui serre ou dessert l'envie dans la calotte

On s'en fout quand on la perd entre-temps

Quand la libido fait dodo on s'enlace et attend

Avec des mots sortant de go

Pour embellir et gaver l'ego

Avec des bisous à gogo

Saturant l'âme marigot

Des fragments de bonheur s'incarnent dans le décor

Ils fusionnent à loisir, brillent ; emblématiques de l'or

Comme symbole inoxydable de goût

Qui retient une saveur d'un peu de roux

La passion dévaste, elle rompt la digue

Cristalline, elle est artisane fantasque et dingue

Elle est amour brut, bonheur qui rend fou !

La passion est une guerrière qui insiste

Et fend l'armure du plus rude belliciste

Ainsi les rêves dansent pour leur vie

Dans un réel de volcan inondant le parvis

De l'univers que l'on croit sien, tout de même génial

On le peint en couleurs vives ; avec un relent primal

Où les cauchemars s'éteignent sous le feu

Celui de la passion dégoulinante sans pare-feu

Qui ose bien l'exubérance sans honte

S'emballer et ne pas s'attendre à la fonte

Consolider la passion par son dualisme c'est d'or

Car ce qui la perce c'est l'unilatéralité qui a tort

Avec un état de conscience modifié qui se fout de tout

En quête de sens, la passion s'impose comme le fou

Sinon elle s'illustre comme envolée à haut risque

Sans tribut, elle se fout pas mal du péril et du fisc

Elle stimule, dope l'excès et suractive le cerveau

On ré-apprivoise son âme, ses rêves, ses veaux

Il faut réciprocité afin qu'elle vive et se ravive

Le duo dore le décor et crée le lien pour que vive

La passion et ses laves brûlantes sans bigarrer le détour

Elle paie tribut à la fougue incoercible qui raffine l'amour

La passion est envie, détente, évasion, vie sans pression

Envie d'âme sœur, diable indifférencié sous agréable tension

C'est la recherche d'un lien fusionnel, désir subtil de bien-être

C'est une potion de malade, qui rend fou le bien portant; l'être

Au cœur qui brûle à la force de l'absurde en fête enchantée

L'énigme c'est le déclic amoureux pour plus de plaisir chanté

Une sorte d'addiction à l'autre ou ce qu'on en rêve

Inquiétante pour les autres, mystère joyeux et verve

Quête addictive d'un cœur que l'on veut de tout cœur

Il faut la passion pour agir, s'affranchir de sa frayeur

Une ouverture inconditionnelle à l'autre de façon niaise

On se fout de consensus, on suppose et pose à notre aise

Des actes fétiches qui peuvent faire mal mais on est hanté

Par soi-même, une recherche de soi sans jamais déchanter

Emotions heureuses font habiter le paradis sans plus

On vit sur un petit nuage par ses propres ailes en plus

III. Génération du Millénaire

La technologie numérique a catapulté les modes de vie

La génération qui est née avec un gadget tactile à l'envi

On a l'impression qu'elle parle seule, toujours à l'oreille

Un écouteur ; une communication sur foi pour de l'oseille

Des jeux de société captés en ligne, alors qu'on la croit seule

Le présentiel est à l'encan, l'asynchrone ne fait pas la gueule

On retrouve tout en son temps quand il est posté

Internet fait la vedette et par cette toile on est dopé

L'addiction au téléphone portable fait des victimes

L'androïde permet tout, comme le lap top ; les cimes

Sont visées, on y chatte, arnaque et flirt élégamment

Où l'envolée des passions perd les pédales piteusement

Et l'être se trouve écrasé par les réseaux sociaux

Qui lui pompent sa fierté, sa vie en rythmes bestiaux

Génération du millénaire, c'est la société offshore

Où de Mumbaï on travaille pour New-York ; on fore

Toutes les mines dans les gratte-ciel iconiques de Bruxelles

Alors que le diamant et le cobalt font victimes de piteuses elles

Ces femmes meurtries par les va-t'en-guerre cupides

Levant armées sans foi ni loi, des cruautés insipides

Droguées pour installer la crainte et semer la mort

Le Katanga du siècle d'avant, tout un Congo, un fort

Pour des fractions inouïes faisant la pluie et le beau temps

C'est à y perdre son latin, ce sang versé trop longtemps

Se fondant dans la nature et se faisant du Rwanda battant

Des hommes forts, c'étaient des réfugiés voisins d'antan

Pourquoi le Coltrane de l'androïde perd la communication

Entre voisins et populations pour promouvoir communion

Ailleurs où les gens s'accordent pour la paix

Permettant à l'ère du numérique d'ôter le faix

A un monde qui se rapproche davantage par giga

La vidéoconférence défie la distance et rend gaga

Le love story se nourrit par le virtuel et on se ment

Par mise en scène délicieuse, on veut ainsi la jument

Alors on cherche l'application pour raffermir les canons

D'une beauté fuyante, ou simplement on chipe des noms

Volant l'identité et les photos, d'une personne tierce

Tout en faux dans une bible de séducteurs on perce

La femme au logiciel blanchit et amincit son portrait

Et voilà 'catfish' à l'œuvre, cela s'éternise c'est un fait

Jusqu'à ce que quelqu'un dise 'bas les masques'

Une émission est même dédiée à ces frasques

Qui ne sont point anodines, elles perforent le cœur

De ceux qui sont sincères et espèrent l'âme sœur

Au bout d'un clavier et sur une toile d'araignée appât

Qui ramifie ses filets et prendre comme mouche le fat

Insomniaque et la vieille toc-toc qui s'égare et s'attendrit

Pour des problèmes crées de toute pièce, brouteur et perdrix

Une prise de pouls, et on ferre le poisson ; l'arnaque

Avec la truanderie en tout, un biotope et son lexique

La génération du millénaire, c'est le tout facile

Avec pléthore d'applications sur la surface tactile

Leur doigt devient si agile, tout se bipe

Le rappel pour prise de la pilule, flippe

La recherche est là pour l'aide en tout sur les mots, les maux

Sur les moteurs, toutes les pathologies même pour chameaux

Le téléphone devient un coach en poche ; un lot de stratégies

Pour joggers, malades, amoureux ; un traçage sans gabegies

La publicité se déplace sur internet, diététique et didactique

Tout est en ligne mais même la drogue et dealer anémique

On y finance en solidaire des écoles, des hôpitaux

C'est le conflit qui enflamme les réseaux sociaux

Tout est virtuel jusqu'aux émotions avec ses icônes

Comme la langue d'internet, avec plein d'émoticônes

Avec plus de 'prête-moi ta bagarre' que d'antan

On fricote avec les tueurs à gage et même Satan

On viole, vole, dote et conquiert le monde en direct

L'autorité, l'opinion se sont déplacés faut être correct

En langage, en 'statut' sinon le rabrouement public

Vous cloue le bec

On y éprouve la solidarité clanique

Les marabouts y vendent le rêve et l'élixir

Pour tout, même pour se faire beau et élire

Par la gent unisexe

Les pasteurs prêchent en grand vizir

Sur les réseaux on crée des tribus

Avec des gourous pour une alchimie sulfureuse

Le mystérieux, le magique et la canaille s'y donnent rendez-vous

On y regroupe crédit, moteur , il y a tout, en détail en voulez-vous ?

IV. Rencontre

Il est des rencontres qui transforment

Aiguisées au cours des voyages qui forment

Les personnes vont à la rencontre de l'universel

Chacun y apportant selon sa culture son grain de sel

Le destin file, enfile et emmêle les fils du hasard

Véhiculant un désir de soleil de perfection du lézard

Certaines rencontres annoncent prouesses et baptisent

Des espaces inédits du vendredi saint qui pactisent

Avec le local pour entrer dans les cartes de Magellan

Traçant les routes de l'avenir pour un nouvel élan

Le monde des aventures est précurseur d'évolution

Par l'alliance du local au global pour une excursion

Dans les entrailles de la tolérance par les rencontres

On réinterprète alors les codes, normes et montres

La cantine du monde s'étoffe de talent et patate douce

Multipliant les chances de revitaliser tout en douce

Polarisé vers le but de son existence qui est liberté

Saint-Exupéry l'utilise pour le service à l'humanité

Symbolique forte et puissante, c'est la vie qu'il relie

D'un continent à un autre, amenant la lettre de vie

Le voyage est un phare pour rêves et fantasmes

De son cocon feutré au tumulte des exotismes

L'aura magique s'incarne dans des trouvailles

Occasion décisive pour encoches et entailles

Dans de nouveaux arbres qui feront la joie

En dégustation de fruits singuliers des fois

Où le bourgeon prend et enracine vraiment le manguier

Dans les saisons et l'habitude locale du nouvel figuier

On confie sa destinée au vent avant l'avent pour faire éclore

Le meilleur des situations inédites après la pleine amphore

Que l'on ramène à la 'civilisation' pour un reformatage

Car le monde est changement perpétuel, en ballotage

Des valeurs et menus s'enchaînent en file indienne

Parmentier rencontre le velouté de blé de l'Indienne

Peu ou prou succulent que la purée de pomme de terre

Patate, on allonge la liste au menu jusqu'au bout de la terre

L'aventure offre originalité en spiritualité, nouvelles icônes

Pour camper la mode, la liberté, relier les 'isthmes' et cônes

D'un présent sans frontières tissant l'envie de découvertes

Retombées gigantesques d'explorateurs émérites dessertes

Pour des évolutions inédites qui évitent la famine certes

Sans les rencontres, le monde serait insipide, énormes pertes

René Caillié offre son journal concis pour la compréhension

D'un univers étroit d'antan hermétique comme en détention

Le classique et le basique s'étoffent par art et oralité

Qui sont révolution ancrant l'ethnique dans la globalité

On découvre les rives de la cité ocre et érudite, Tombouctou

Pour tous sauf pour René Caillié, c'était autre monde, le bout

Ville démystifiée et quand même surprenante ensoleillée

L'Afrique des miracles chante des versets en veillée

Et la rencontre avec l'Indien n'est point bizarre

Elle a ramené le blé d'Inde même sous le blizzard

Le Jula appelle l'inédit 'mosson gnon' le mil en boule

Ou simplement 'kaba' pour la pâte délice qu'on roule

Que serait-on sans mangue délicieuse gorgée de soleil

Le jaune doré qui est dessert et sied à tout à merveille

L'exploration malgré ses travers a servi à mieux nourrir

Un monde qui n'a de cesse de se régénérer et sourire

Chasseur de prime et d'ananas Colomb savant

Altruiste a amené tant de graines et de plants

Teintant un peu plus le monde en polychrome

L'hégémonie a changé d'hémisphère après Rome

L'exploration toujours vision créative d'un monde sans frontières

Chacun à sa guise y roule sa bosse, il se débarrasse de ses œillères

Une célébration de la diversité, un rapprochement d'hier

Semant les graines ce jour pour un demain nouveau et fier

De bouture, de culture d'aujourd'hui

Qui disent haut et fort à la diversité oui !

Rien n'a arrêté Cortès vers l'exploration du nouveau monde

Mais bien sûr c'est une aventure de résilience pour que tonde

L'Europe les moutons racés remorqués où la curiosité abonde

L'explorateur feuillette le livre des peuples, nations comme sonde

Le voyage est un art, une passion dans toute l'âme du fureteur

D'un humanisme qui s'insurge contre l'autarcie avec candeur

S'inscrit pour le partage des savoirs, avoirs et des rêves

Au sein d'un cosmos élargi dans des rencontres et trêves

Par des eaux froides et rebelles, navigue le conquérant

Contraintes, heurts, humeurs et catéchèse du révérend

Ont changé la spiritualité, sauvé des âmes en ont perdu d'autres

L'espoir de fonder l'intelligibilité de la vie sur des préceptes autres

Pour les insurgés locaux, la rencontre est incidence radicale

Elucidant d'autres rapports à soi et à autrui par une diagonale

Animation vitale à finalité de bonheur fou et d'emprunt rageur

Qui peut imaginer une sauce actuelle sans tomate ?

Son utilisation fruit ou légume est celle de l'automate

Toute rencontre interroge l'existence pour l'altruisme rêveur

Anatocisme culturel irrévocable qui arrose les plages de lumière

Cueilleurs de fruits et de songes s'incarnant dans la vie, sa manière

Afin de combler le destin qui habite chacun et les impuissances

C'est la recherche constante de l'équilibre ; parer les insuffisances

D'un monde magique qui partage la mangue, délice flippant

La force des rencontres forge des destinées en mode parlant

Après la mime du début, la parole médiatise tout rendez-vous

La puissance incantatoire tisse les liens transcendants qui vouent

Au monde un culte significatif garantissant les échanges fructueux

Doublant la désinence des rencontres pour dividendes onctueux

La rencontre induit un anatocisme de maîtrise de l'insolite

Une réinterprétation enrichie de schèmes nouveaux et vite

L'incursion dans les mœurs défend et intègre la tolérance

Union de l'étrange et du beau concocté durant l'errance

D'une belle créativité qui ne se veut aucune borne de grès

L'idée maîtresse est l'anatocisme culturel icône du progrès

Pour un dialogue d'un apogée et des concessions transgressives

Avec l'inclusion de l'impertinence d'antan aux notes agressives

Edulcorée par une adaptation capitalisée polissant les aspérités

Réduisant les écarts à la norme en toute célérité pour célébrités

Attitudinales acquises comme mode de franchise signant

Une rationalité forgée et révolutionnée par le nouveau fringant

La rencontre est vague et vogue pour de nouvelles bases de vie

Il faut qu'elle soit pour le meilleur pour jamais n'entamer l'envie

De voir du pays et anatociser le rêve et la réalité tierce gage

D'une vie à imbrications créatives de capture et de partage

Pour celui qui va à la rencontre de l'autre et qui robuste, ose !

S'inspirant de moult cultures avec le bien-être en apothéose

V. Expression d'Yeux et de Culture

Le regard perce le mystère de la vie

Il peut être terne ou rempli d'envie

Il camoufle les affects, il est de la vie le reflet

S'arrondit et s'émerveille quand l'effet est replet

Il chante une hymne révélatrice du plaisir

D'une vie fragile mais belle respirant le désir

L'œil s'impose comme le reflet de l'âme

S'enhardit au bonheur et se ferme au blâme

On le cache quand on veut cacher ses sentiments

Sinon il risque parfois de tout révéler quand on ment

L'impératif de liberté s'allie la fidélité d'yeux serments

Pour jeter du feu à celui qui veut faire d'eux des déments

Ou qui ont vocation de séduire quand le cœur crame

De désespoir ou de franchise là où la dérision se pâme

Sous le poids de reproches, ils racontent le drame

L'échec ou la honte fait baisser le regard de la dame

Dans l'exaltation ses étincelles parlent d'envie

Même sans un traître mot du héros qui survit

On y lit la victoire ou le désespoir de la défaite

Même quand on n'a pas commencé à installer la fête

Les yeux illustrent bonté et méchanceté

Grandeur sublime ou grotesque aridité

Ils récréent l'univers subjectif des symboles nobles

Apprivoise l'insolite de biens meubles et immeubles

On y voit à travers moult couleurs et contrastes

Le peintre y met toutes les nuances des tristes

Mais aussi la diversité des tons chauds

Qui rendent tous les êtres charmants, beaux

Conviant la gamme des enthousiasmes

Qui se passent for aisément de miasmes

Qui ironisent les fonds de liberté primordiale

Irradiant comme un réseau de flamme radiale

Mais s'accroche à l'air libre et ce n'est pas trivial

Affectant tous les rayons de miel et même le labial

L'expression va du regard à l'être intrinsèque

Que la langue détaille d'une façon fantasque

Particulière à un peuple selon sa vraie bouture

Une immanence qui trahit des traits de culture

5.1. Œil-Culture-Langage

L'œil, la culture et le langage particularisent l'univers

Teinte de joie du terroir les différentes nuances du vert

Harmonie, tout est culture et anatocisme

Emprunt et adaptation sans ostracisme

Le langage est politique

S'insère dans un viatique

Où l'œil est culturel et parle en exclusivité

De ce que l'environnement met en perceptivité

Il colore le langage qui se meurt en captivité

Et la culture est politico-sociale et expressivité

Quand le langage se poétise c'est le paradis

Titille le bien-être vend l'ethnique plus que radis

Il séduit tant les marchés parcourus par la langue alerte

On emporte l'extase de regards envoûtés à la desserte

Trio de romance et de bienséance des émotions folles

Il révèle tout pendant les vraies retrouvailles caroles

Colère rouge ou noire, c'est un coin du monde révélé

Le socioculturel prend le pas sur la mode carrelée

La peur est bleue en France toujours

Elle est blanche en Afrique plus d'un jour

Elle a le ventre jaune en Angleterre

Le secret porte un voile toujours, pas en bleu lune

Mais d'habitude ; telle la colère rouge mais non prune

Là aussi l'on parle de sou rouge pour le fauché

Où il faut se serrer la ceinture pour le marché

Et ne pas devenir si bleu mais rose, engageant

Le français argote en blé lorsqu'à court d'argent

Et il faudra qu'il regarde avec des verres rosés

Pour rester positif et glaner le champ dès la rosée

Le langage remplit le verre quand il se met au vert

Amalgame, dans les yeux du daltonien tout est vert

Du vert qui est rouge et du rouge verdoyant

C'est une vision unique de l'univers ondoyant

Le daltonien est dit 'color blind' au-delà de la Manche

Est-il plus juste car ratant certaines nuances en marche ?

Sinon la couleur même se fait culturelle en émotions

Si la peur bamana est blanche pour les commotions

Le vrai y est plus propre que la paume d'une grenouille

Le malhonnête n'a de cesse de tourner comme quenouille

Le mensonge est noir par ses mauvais télescopages

La colère est rouge chez l'anglais sans ambages

Un ami loyal y est bleu un peu plus que les nuages

L'objectif est 'plus âgé' que l'être et ses bagages

L'être duplice malinké est un vrai caméléon à l'œuvre

Changeant, mais pour le français il fait avaler couleuvre

Et c'est la cerise sur le gâteau de fête et la fève du roi

A l'aveugle se trouve dans la portion de l'élu de la foi

Comme N'Golo prodige qui retrouva la bague dans le poisson

Le destin en impose aux persécuteurs, annihile même le poison

Quand le feu est vert tout le monde fonce

Mais l'envie qui gouverne est verte ronce

La fortune rend bleu comme le froid

Le positif teint le monde en rose bois

La lune bleue est belle comme celle de l'utopie

Le ciel gris porte sur les nerfs et stresse en toupie

A la recherche du bleu ami de vie, tendresse

On peut tomber souvent sur une tigresse

Mais la matière grise est intelligence

Qui ne doit jamais confiner à l'indigence

Elle grise, enivre si toutefois le pédant la harnache

Pour des chevauchées ubuesques avec panache

Qui cherche et s'adapte à la mode tout le temps

L'anglais peint la ville rouge quand il est content

Des sensations poignantes qui parlent par les yeux

Raisonnement intuitif, les talents font parler d'eux

Le regard annonce l'air du temps, parlant du cœur

Maussade comme le nuage, rouge soleil en ferveur

Chez le Jula, le cœur est noir quand il y a mauvaiseté

Et il pleure lors des catapultes, pluie d'une étrangeté

Qui n'est forcément pas celui de la parole

Il n'y a pas d'herméneutique fixe du rôle

Pour une légende concise du cosmos ou une seule mode

Le langage coloré est un défi de gaieté qui se démode

Les yeux deviennent infiniment plus intenses en sens

Dans une quête d'absolu, de désir montant et dense

Mais montrer la dimension du tragique le rend immense

Les singulières fascinations de la créativité en garance

Illuminent le regard qui scintille surtout à l'eurêka !

Qui trouve est rayonnant de joie, un soleil d'éclat !

Les yeux expriment une ode, une parenthèse enchantée

Avec des détails sophistiqués selon la langue chantée

Les pupilles dilatées ; l'œil s'attendrit pour ce qui l'émeut

Volume et franchise s'interpénètrent et volent l'émeu

En le réinventant volant avec une pointe d'impertinence

L'œil chante une douce gloire quand il est élégance

Qui détient le secret éternel de la fascination

Happant les yeux d'aigle qui invectivent ; vision

Par le décor qui plaît, on décrypte le sentiment

En ce que rarement l'expressivité liée à l'œil ment

Par les prunelles qui s'agrandissent ou se rétrécissent

Les charmes s'y jouent avec ou sans l'aura et sertissent

De brume au lieu du diamant ; ils renseignent les relations

Ils expriment une réelle intrication jouant sur les corrélations

Par les yeux, on met des couleurs à la réalité

Y a-t-il des regards amorphes de la banalité ?

Tourbillon romanesque on charme ou terne morne d'ennui

Interconnecter les nœuds est possible quand l'amour a fui

L'exil, le royaume, la douleur ou la grandiloquence

Sont inscrits dans les regards et même la tempérance

Vision grandiose des pépites de la vie avec contretemps

Les labyrinthes du cosmos sont écrins pour le rêve d'encens

Les perceptions intérieures se dévoilent par le regard

Qu'on a hilarant, mauvais, charmant ou bien plein d'égard

Les yeux s'absorbent dans l'écoute du corps

Ils expriment la douleur, la joie, la tristesse d'abord

Les émotions extrêmes tenant le haut du pavé

Risquant des œillades à ce sentiment délavé

Censure symbolique dans l'autopsie de faux débats de l'ère

Les yeux sont une des vitrines dans les sophismes de la colère

Quand il n'y a plus de parole, les yeux animent le dialogue

Pour l'échange critique, les négociations ; enlever la gangue

D'impureté des sphères hypnotiques ; plus de prestige ou diète

Les yeux assurent un discours avec une caution pratique discrète

VI. L'avion

Le grand oiseau à grandes ailes

Est l'icône de la rencontre à tir d'ailes

C'est le référent des retrouvailles entre personnes

C'est le rendez-vous mondial pour la concorde qui résonne

Comme l'ambition qui donne du corps à l'envie pour la réunion

Le besoin s'emplit de désir d'ailleurs et de l'autre pour l'union

Des cœurs, des corps et des rêves

Pour des rancarts et de petites trêves

Pour des races qui s'emmêlent et n'en font qu'une

La merveilleuse race humaine qui n'est sur terre qu'une

L'avion est passion du voyage et du paradis

Il transporte humains et fantômes pour l'inédit

Des aéroports de rencontres et de séparation

Inscrivent dans le patrimoine grouillant d'affection

La passion de l'humain dans des périples touristiques

Les pilotes font merveilles dans les cockpits artistiques

Les métiers de l'air sont si nobles qu'ils émerveillent

C'est un hymne à l'amour d'autrui ; ceux-ci réveillent

L'âme sensible des êtres qui s'envolent et délient

Langues éprises qui rapprochent et réconcilient

C'est la fierté de l'air qui a battu la pesanteur

Délinquant de l'attraction terrestre, frondeur

Le pilote a depuis Lot conversé avec les Dieux

Pour s'élever dans la voûte à la face des cieux

L'aviation c'est la découverte de l'autre au bout du monde

En quarante-huit heures là où auparavant l'irritation gronde

Lors de treks de mois entiers pour rallier le distinct continent

Se prescrit en quelques heures avec l'oiseau de fer impertinent

A la face de l'autarcie que l'on nargue en pénétrant des espaces

Réservés pour passion officielle qui mondiale maintenant efface

L'écart entre les êtres qui fraternisent et commercent ; s'estompe

Alors la solitude par la rencontre avec l'avion qui l'air pompe

Pour retrouver la haute mémoire des peuples avec ciel et lampe

Par une convivialité reliant au bonheur et qui jamais ne trompe

Le vol vers la plage remarquée est récréatif

Des vacances ingambes et édifiantes, c'est laudatif

Pour expérimenter des modes de vie sous ce soleil

Là où l'humain uniforme est terne, l'ailleurs, c'est l'éveil

L'avenir de l'union des nations est un hommage aérien

De ces multiples silhouettes dans le ciel qui, un rien

Raconte l'itinéraire des peuples saluant l'appareil volant

Depuis l'aéropostale, Saint-Exupéry et l'aéronef itinérant

Mermoz, au prix de leur vie la mémoire de leur expérience

Un brin de vie technologique, une inspiration en errance

Edifie un monde d'altruisme par la victoire sur soi

Gain pour tous par la lettre qui arrive, informe en soi

Le courrier sûr libère de l'angoisse, stimule la communication

Pour l'harmonie et concorde, nom largement expressif d'avion

Les succès présents ont des racines profondes dans le danger

Jugulé, snobé par les preneurs de risque allant jusqu'à Tanger

Investissement scientifique et relationnel, audace agissante

L'échange est une valeur ultime, une axiologie opérante

Le tourisme est éducation selon une épistémologie ludique

Il bouleverse normes et préjugés et allume le magique

Le voyage est pédagogie, obsession de l'utile

Songe de passionnés défiant la peur et le futile

Pionniers d'aérobus aux avions de guerre

Ces héros détiennent la magie sans peur

La fantasmagorique odyssée du vol céleste a réalisé les rêves

De humanité se construisant dans des rencontres mêmes brèves

6.1. L'Aéropostale

Le grand oiseau à grandes ailes

Est l'icône de la rencontre à tir d'ailes

Dansant pour des couleurs de vie

Le tango de l'air à gogo, à l'envi

C'est le référent des retrouvailles qui résonne

Des vols vers l'univers n'occultant personne

C'est le rendez-vous mondial pour la concorde qui tonne

Tel un appel à la vie, à l'amour, à l'alliance de toute zone

Comme l'ambition qui donne du corps à l'envie pour la réunion

Le besoin s'emplit de désir d'ailleurs et de l'autre pour l'union

Signe avant-coureur de la mondialisation

L'Aéropostale court-circuite la peur en nation

Ce sont des cœurs, des corps et des rêves

Pour des rancarts épars et de petites trêves

Témoignages passionnés d'amour pour une ballade

Aux confins de la terre, parfois pour peu de lettrés en rade

L'Aéropostale y va quand même pour quelques lettres

Les pilotes pionniers jouent des rôles de grands prêtres

Pierre-Georges Latécoère imagina le projet extraordinaire

Et d'irréalisable, il l'implémenta ; un défi de maîtres de l'air

Permettre de décrypter les mots liens pour des inconnus

A l'autre bout du monde, nourrir des egos perdus et revenus

Par de l'air dans les ailes et incalculable le risque

Pour une convivialité à bord en écoutant un disque

Et des actions inscrites dans l'or du cœur alambique

Rejoignant la joie passant par le cerveau limbique

Pour des races qui s'emmêlent et n'en font qu'une

La merveilleuse race humaine qui n'est sur terre qu'une

Saint-Exupéry est né avec le vingtième siècle

Il opéra la révolution de l'air comme l'oracle

1900, c'est la naissance d'un prodige philanthrope

Ecrivain, mécène de la vie et humaniste en harpe

Il est le chantre d'éveil à toutes les dimensions

D'une vie où l'enfant est souvent négligé, ses émotions

Construisant pourtant le monde depuis ses premiers pas

Vivre pour Saint-Exupéry, c'est ignoré le péril, le trépas

Mécanicien d'avion, pour le firmament très passionné

Doté d'une grande sensibilité, pour l'autre attentionné

Il fit des distances incroyables, Toulouse-Dakar

Toutes sont 'Terre des Hommes' pour vrai quart

La cordillère des Andes est magnifique de l'avion

Un vol au-dessus de nuages sublimes, le grillon

L'avion est passion du voyage pour le paradis

Il transporte humains et fantômes pour l'inédit

Des aéroports de rencontres et de séparation

Inscrivent dans le patrimoine grouillant d'affection

La passion de l'humain dans des périples touristiques

Les pilotes font merveilles dans les cockpits artistiques

Pour être plus proche des gens, de l'univers emblématique

D'une vie qui ne se laisse ternir par la guerre emphatique

Quand les êtres se rencontrent peu et perdurent les mythes

Et les croyances autarciques occupent les cœurs monolithes

Les métiers de l'air sont si nobles qu'ils émerveillent

C'est un hymne à l'amour d'autrui ; ceux-ci réveillent

L'âme sensible des êtres qui s'envolent et délient

Langues éprises qui rapprochent et réconcilient

C'est la fierté de l'air qui a battu la pesanteur

Délinquant de l'attraction terrestre, frondeur

Le pilote a depuis Lot conversé avec les cieux

Pour s'élever au firmament au front des Dieux

Quand l'on parle de ces pionniers de vie

Jean Mermoz en est un, volant à l'envi

Homme complet comme Saint-Exupéry

Mécanicien s'auto-dépannant en hydravion rouge-vif

Par les côtes africaines, jugulant pot au noir et vent vif

Hydravion traçant la ligne ; périlleux vol de l'Atlantique Sud

Bravant cyclone et tornade avant le fatal de la Croix du Sud

Au-delà des Pyrénées, Barcelone-Malaga

Casablanca-Dakar avant pour plein de gala

Dans le désert, capturé par des Maures

Aventure fabuleuse, pour relier les forts

Rio-Buenos Aires de nuit, c'est l'univers du risque

Crasher dans la cordillère des Andes c'est brusque

Au bout de trois jours, Jean Mermoz l'archange

Renaît et s'envole pour donner à tous le change

S'en sort part de Saint-Louis du Sénégal

Et rejoint ainsi sans accroc majeur Natal

Le Brésil devient proche par l'ambiance

Du coucou qui rapproche tisse la tendance

Les engins volants mis à disposition ; comte-de-la vaulx

L'aventurier futuriste qui s'élève par monts et vaux

En faillite, se cachant au Sud, mais aussi mort pour la nation

N'est-ce pas son pas osé témoin risquant fortune pour passion ?

Supportant pionniers voltigeurs du ciel

Saint-Louis du Sénégal, risque véniel ?

C'est la longévité de ces héros qui peut émouvoir

Au vingt-quatrième vol, pour Latécoère-28, le soir

La Croix du sud jamais retrouvée, en 1936 au large de Dakar

L'hydravion rouge vif d'exploit irrésistible perd par un écart

Parcourir le monde par les routes du ciel ; il est archange

Pour le paradis il lâche les biens terrestres trop tôt l'ange

As de l'avion bravant les vents de l'Atlantique Sud dangereux

Henri Guillaumet est de ces héros altruistes voulant mieux

Pour l'humanité entière au prix de leur vie

Ils sont sacrifices, ils n'ont posé aucun devis

L'aviation c'est la découverte de l'autre au bout du monde

En quarante-huit heures là où auparavant l'irritation gronde

Lors de treks de mois entiers pour rallier le distinct continent

Se prescrit en quelques heures avec l'oiseau de fer impertinent

A la face de l'autarcie que l'on nargue en pénétrant des espaces

Réservés pour passion officielle qui mondiale maintenant efface

L'écart, entre les êtres qui fraternisent et commercent, s'estompe

Par une convivialité reliant tous au bonheur et jamais ne trompe

Le vol vers la plage remarquée est vraiment récréatif

Des vacances ingambes et édifiantes, c'est laudatif

Pour expérimenter des modes de vie sous ce soleil

Là où l'humain uniforme est terne, l'ailleurs, c'est l'éveil

L'avenir de l'union des nations est un hommage aérien

De ces multiples silhouettes dans le ciel qui, un rien

Raconte l'itinéraire des peuples saluant l'appareil volant

Depuis l'Aéropostale, Saint-Exupéry et l'aéronef itinérant

Mermoz, au prix de leur vie la mémoire de leur expérience

Edifie un monde d'altruisme par la victoire sur soi ; errance

Gain pour tous par la lettre qui arrive, informe en abnégation

Le courrier sûr libère de l'angoisse, stimule la communication

Les succès présents ont des racines profondes

Investissement scientifique et relationnel des ondes

L'échange est une valeur ultime, une axiologie opérante

Une élasticité abrégeant l'indécision, la grossesse naissante

Est annoncée brandissant la lettre témoin éloigné, véridique

Le tourisme est éducation selon une épistémologie ludique

Il bouleverse normes et préjugés par la sacralité

Celle du facteur ici, mais grâce à l'aérospatial en vérité

Dynamique excursion au cœur de l'humanisme

Le voyage est pédagogie futile et utile en réalisme

Obsession, songe de passionnés défiant la peur

Les pionniers d'aérobus aux avions de guerre

Répondant à une injonction altruiste de construction de pont

Entre les continents et les peuples même sans prendre un rond

La fantasmagorique odyssée du vol céleste a réalisé les rêves

De humanité construite par des rencontres mêmes brèves

Saint-Exupéry s'impose en fervent ambassadeur

Dans des vols de nuit solitaires, heures de ferveur

Pour un sacerdoce sans clameur et sans frayeur

Conversant avec les étoiles, les anges sans peur

Le noir succédant au sombre et étoile filante

Avec le chapelet de la mémoire si glissante

Dire adieu au chaos et au vide sans information

La lettre c'est l'amour du monde en instruction

Le messager des heures durant planant dans les cieux

Rasant les nuages, le hublot offrant panorama en mieux

Bien peint, mieux que n'importe quel vrai tableau

L'être nomade se raconte des rêves en fabliau

Régnant interminablement sur un royaume tantôt uniforme

Tantôt la mer étendue énorme, indéfinie se remet en forme

De ses vagues qu'on voit peu comme le désert

Avec ses dunes, le sable interminable dessert

Qui instigue le livre avec la morale du Petit Prince

Une âme d'enfant et de vertueux dictons à pince

Qui rappellent l'humain à son prochain

Le vol singulier solitaire se peuple de machin

Un rien auquel on donne vie sur de grandes étendues

Pour un décor hallucinant, des beautés vraiment dues

On ne sommeille ni ne se trompe sur l'itinéraire

Des exploits répétés d'une précision compas à aire

C'est un combat de résilience, un intérieur à foi

Pour l'attention, les coups de cœur font la loi

L'acuité du danger n'entamant en rien son engagement

Le sacerdoce, un service humaniste comme cautionnement

D'une condition essentielle pour des liens dans le monde

Et faire reculer partout les frontières du vil, de l'immonde

Tout vol qui atterrit à destination c'est l'extraordinaire

Un exploit toujours renouvelé, une carte sortant faire

Une personnalisation passionnée de frayeur et délice

L'Aéropostale c'est le miracle du siècle, le courrier en lice

Pour des destinations impossibles, même peu rémunérées

C'est le service à l'humanité avec des sacrifices répertoriés

Les trous d'air et les sautes d'humeur meublent le vol

Le temps est un allié se révélant traître, péril ouvert en vol

Monstre contre lequel il faut lutter, combattre, reprendre

L'itinéraire contre brouillard, décisions promptes à prendre

L'esprit du sacrifice c'est la résilience, éclairante réalité

L'escale s'offre comme un plaisir immense de socialité

Après, il faut rouvrir la voie pour plus loin, ainsi être fort

Rester vigilant, garder le cap pour ne pas perdre le nord

Heureux d'avoir atteint l'objectif noble fixé après avoir vaincu

La démence de l'air, du fort vent, de la tempête ; tous battus

La sensorialité est une supplémentaire boussole

Pour lutter contre le néant, la distance qui désole

Pionniers ayant tracé la voie à partir de petits coucous

Dans des excursions de héros, de vrais ; en casse-cou

Ils ont offert leur vie, leur âme pour rallier, réunir le monde

Fervents ambassadeur de l'amour, de la vie c'est la sonde

Pour des sphères inviolées de l'air et une magie irrésistible

Exploratrice de contrées de toutes sortes pour l'incroyable

Mission humaniste aux liens affectifs incommensurables

Mermoz, Saint-Exupéry et tous créateurs de l'impossible

Précurseurs pour implémenter un monde d'innovation

Pour le village planétaire d'antan se sont sacrifiés par passion

Comme dans un rêve, ils réussissent et avant 40 ans ont péri

Pour créer du lien, survivant à la crampe, aux pires intempéries

Bravement d'autres prennent place à bord de l'éphémère d'envie

De rendre service au monde, avec verve et astuce pour la vie

A offrir au-delà des mers et des déserts partout avec bravoure

Et surtout, abnégation, sacerdoce afin que tous la vie savoure

En ayant des nouvelles des proches, de l'amour et de la fantaisie

Tout ce qui construit l'univers, des ponts reliant l'Europe, l'Asie

Les Amériques et bien sûr la brune Afrique, l'Australie

Le cœur palpitant d'anticipation, on attend le courrier, la survie

Et on explose de joie quand arrive l'Aéropostale, prouesse clé

Mettant en exergue le génie liant l'avenir avec poudre de fée

L'Aéropostale c'est l'esprit du monde dans un cockpit

Sillonnant les cieux pour des destinations sans dépit

Piloté par un ange neutralisant les distances pour la vie

Emanciper le monde pour la communion fin de l'autarcie

Un réseau social avant l'Internet, une fibre émotionnelle

Active avant l'optique, l'humain se sacrifiant inconditionnel

Disciple d'un monde sans frontières, une leçon d'amour

Ils ne sont pas morts en vain ces héros courage et glamour

Portant tout l'espoir de l'humanité ; du monde tout l'amour

Prendre l'air avec audace sans idée dans quoi on se fourre

Au prix de leur vie, ces pionniers d'honneur sans vanité

Ont régulièrement perpétué leurs exploits à pénalité

Offrant leur vie, sacrifice ultime pour tous car pas vénal

Pour qui n'est pas croyant ; mourir un jour, pour un idéal

Est noble quand l'ignare croit que c'est pour la paperasse

Ce qui semblait simple fable à paradigme improbable se passe

De commentaire quand le précieux courrier arrive à bon port

Symbolique de l'attachement d'un humain à un autre fort

Les duos et trios volants vers des airs de salsa en série

La force de l'idéologie humaniste fait de Saint-Exupéry

Le héros éternel qui rejette une heuristique de la peur

Vouloir c'est pouvoir et dans son verbatim, l'avenir

C'est le présent qu'il faut permettre ; un devenir

Forgé en osant entreprendre l'impossible pour le social

Se sacrifiant par honneur et service à l'autre ; non partial

La caution intellectuelle du changement s'inscrit dans ses livres

Une littérature de l'optimisme qu'avec un cœur d'enfant il livre

Ses rêves lucides ont rempli les trous de conjugaison de l'espace

Arborant les couleurs de tous les peuples, fleurs de l'impasse

Il a vaincu tant la nuit que l'heure du zénith où le soleil éblouit

Le cœur de ces héros illumine le firmament où vaillant, il luit

Ils sont tous écrivains, ces héros de l'extrême

'Vol de nuit' de Saint-Exupéry, choix de vie bohème

Adapter le rêve à la réalité dans des vols périlleux

A mesure incandescente, toujours à proximité des cieux

'Le Petit Prince' édité en 300 langues demeure d'actualité

Un rêve d'enfant raconté par le cœur plein d'amabilité

D'un adulte qui n'a pas perdu les oripeaux de son enfance

Une grande sensibilité émouvante disparaît à 44ans en errance

Tout comme Mermoz, ils sont 'une Citadelle' inachevée

Comme le titre du dernier livre du Saint qui a toujours rêvé

Par l'air, l'aventure et la passion

Morts pour la France, la Nation

Le péril et le désir sont essence de la découverte

Une recette de rêves infinis, remplis, sans perte

Pour tous un service d'acteurs engagés pour la vie

Dont s'accroît au fil des siècles ; la valeur, très ravie

D'une humanité de diversité que ces pilotes transforment

En espace de confraternité internationale qu'ils informent

Des monuments dynamiques édifiant par fresques singulières

Défiant l'espace, le temps et tout l'univers âmes intègres, fières

Désirant jusqu'à l'impossible pour les générations à visières

D'aujourd'hui prenant tout pour acquis, oubliant vies pionnières

Forant à partir du néant des routes inconnues d'antan

Par vent, froid ou chaleur extrême ; bon an, mal an

Pour l'exploration d'espaces inédits ; intérêts suprêmes

Pour donner aux uns et aux autres du goût d'eux-mêmes

De l'étrange, de l'exotique et des autres

De la rencontre du monde ils sont apôtres

VII. Magie omniprésente

Si d'antan la passion et l'ignorance se rangeaient dans l'obscur

Sans dose de science, on faisait face et magie devenait sinécure

Alors, l'impuissance présumée créait magie pour résolution

Ce n'est ni faute du guérisseur ni de celui qui meurt sans intention

D'aller au ciel mais parce que les Dieux le mandent par le sacré

L'impuissance générait une certaine magie dans le cerveau nacré

Mais avec le triomphe de la science, la magie est partout

L'imputabilité racornit et la magie est omniprésente en tout

La science a fait de l'être humain un Dieu avant qu'il soit parfait

Avant l'absolument humain qui prend le prochain, l'épaule en fait

La science est magie opérationnelle qui fait reculer le mal

Ainsi s'installe une déification qui rectifie bien l'anormal

Tout le monde est pris en charge, même le malade imaginaire

L'hypocondriaque s'adresse à la connaissance débonnaire

Qui rejoint en ce sens la magie de l'ésotérique

Dans des vagues 'fuchsia' véhiculant le fantastique

Il se psychanalyse, on le transporte sur le divan

L'imagerie diagnostique perce mystère comme le van

Où s'étalent les cauris qui trouent l'imaginaire social

Et s'encastrent dans le passé, le présent et l'avenir vital

Ils dévoilent autant que la goutte de sang ; la maladie

Dévoilent les lignes de rêve où s'insèrent la mélodie

Plus la science est exacte, plus on veut du mystère

Autour des atermoiements du quotidien délétère

C'est humain de titiller les sens avec des potions

S'embrouiller dans des sacrifices et incantations

Divan et potion ont tous le même mérite

Un air de bonheur éternel au bout du rite

Autour d'eux souvent pourtant, la cupidité s'organise

Sans directive ni notice on vainc le mal qui agonise

Donc, le devin a toujours aussi sa place avec ses élixirs

Marchand de rêves et charlatan peuvent se muer en vizirs

Pour extirper les maux les plus tenaces

Personne ne fait dans l'absurde fugace

On ne s'interdit jamais de poser des questions

L'esthète se pâme d'aise et de magie en portions

VIII. Temps craqué

En ce jour splendide

Un sourire candide

Par sa bravoure

Affronte et savoure

Soleil qui déraille tout doucement

Dans le ciel et traverse bravement

Le temps, changeant sa douceur

Intensifiant sa méchante ferveur

L'unique astre c'est le resplendissant

Son aura dans le ciel grandissant

Les rayons d'un soleil fort qui jamais ne se fane

S'accrochent tant que l'on croit soleil profane

Sous les tropiques il rythme l'exotique rituel

Du sacré qui libère du mal ambiant et virtuel

Alors que la profanation jamais ne lui sied

C’est purifier qui lui va si bien au pied

L’ombre se sentant si médiocre

Rétrécit les silhouettes en diacre

Image rebelle s’élançant en ligne ou se confond à l’ocre

Tout est possible en la terre qui songe à se faire de l’encre

Mais les raies diverses sévissent

Partent des rayons et déversent

L’enfer comme de l’eau dorée

Se tient pour tous à une orée

De son rêve ou de sa réalité tronquée

Qui veut plein de passion si truquée

Scintillante sur les routes

Irradiant les feuilles en doute

Si elles survivront à l’orée

Du sans ombre à la ramée dorée

De cette saison pluvieuse qui tarde

Et le soleil cruel qui sévit et darde

De tous ses feux les feuillages

Alors qu'ils sont havre par ombrages

Où se reposent êtres humains et bêtes

Pour des palabres où tous s'embêtent

La nature flétrit et résiliente elle sourit

Et fait de la place pour le riz et la souris

Il n'y a que le romantique qui l'entend

Et le passionné qui rit et se détend

Le temps chante la symphonie de Verdi

Le pied pétrit le sol et le soleil irradie

Par ses craquelures

Comme des blessures

Aux pieds des êtres humains

A la face des tares de sols nains

Tout prend les craquelures comme tatouages

Progressivement, tout prend la couleur des parages

Le flirt romantique est vrai par des raies

S'étalent aux pieds et sur terre en craies

Tracées, plates, elles veulent courir

Le marathon et parvenir à couvrir

De longues étendues, craquelées

Comme creusées par roues dentelées

La première pluie est toute passionnée

Adulée par tous elle veut se faire pardonnée

Toujours à se faire attendre dans ces contrées

Espérant la faveur par les nuées rencontrées

Pour la pluie, il faut que la terre soit saoule d'elle

Leur exquise embrassade embrasée comme étincelle

Tant l'attente est longue et le besoin patent

Le temps s'inquiète de pluie qui dure tant

Va-t-elle laisser le pas au crépuscule ?

Avec changement de hameau, groupuscule ?

Tout a un temps déterminé pour son opus

Aucun ne doit rater son heure, prendre son bus

Pour démarrer la saison

Chacun a toujours une raison

Donner à boire à la terre si assoiffée

Avec des vents qui l'ont vite décoiffée

Si ce n'est un vent venu on ne sait d'où

C'est une bourrasque qui emporte tout

Folie du plus fort est toujours raison

Est taxé de folie le faible qui a sa raison

Le temps en tout lieu est un virtuose

Un éternel cauchemar, paradis qui ose

Il est complexe et se veut souvent plein

D'une ambiguïté à décrypter, jamais vain

L'être s'insère dans ses failles et son ambivalence

Dans des labyrinthes uniques pour la prévalence

Des envies de chacun de nous, en café, moka

Le temps du thé aussi mais aussi celui du parka

Printed by Books on Demand GmbH, Norderstedt / Germany